AF497368

PORTRAIT DE LOUIS DIÉMER A 77 ANS

LOUIS DIÉMER

QUELQUES
SOUVENIRS
DE
MA CARRIÈRE

PARIS
IMPRIMERIE GROU-RADENEZ
1920

Ces pages m'ont été dictées par mon cher et vénéré maître Louis Diémer, quelques semaines avant sa mort.

Elles sont publiées sur le désir de Madame Diémer, qui consent à livrer ces souvenirs aux nombreux amis et admirateurs de son mari.

Obéissant à un sentiment de piété respectueuse, je n'en ai altéré ni le style ni la forme à la fois familière et délicate.

Henri ETLIN.

Quelques Souvenirs de ma Carrière

Ce ne sont pas des mémoires que je veux écrire, mais simplement quelques souvenirs de mon enfance et de ma longue carrière.

Je suis né à Paris, en 1843, rue des Moineaux, dans la maison voisine des Grands Magasins du Gagne-Petit, situés actuellement avenue de l'Opéra. Mes parents étaient de fortune modeste ; mon père était contremaître dans la grande sellerie Theurkauff, boulevard des Capucines.

A l'âge de trois ans, on me fit cadeau d'un accordéon sur lequel je jouai sans faute et sans les avoir jamais appris tous les airs que j'entendais chanter.

La sœur de ma mère, Madame Rameau, qui était excellent professeur de piano, frappée des dispositions exceptionnelles que je montrai, engagea mes parents à me faire commencer l'étude du piano : je travaillai avec elle jusqu'à l'âge de neuf ans. Mon père eut alors l'idée de me conduire à M. Marmontel, le célèbre professeur au Conservatoire, en vue de me présenter l'année suivante à la classe qu'il dirigeait.

M. Marmontel fit bon accueil à ma tante et la complimenta sur l'excellence de son enseignement ; en prenant congé de nous, il pria mon père de venir lui rendre visite le lendemain : il lui exprima alors le désir de me confier à l'un de ses élèves, premier prix de sa classe, M. Lestoquoi, tout en reconnaissant cependant, les très bons principes de Madame Rameau. Mon père redoutait l'effet que produirait sur ma tante la recommandation de M. Marmontel ; sa crainte était fondée : Mme Rameau fut profondément blessée d'être privée de la direction de mes études, et se brouilla avec mes parents ; ce ne fut que quarante années après qu'elle me fit appeler auprès d'elle et se réconcilia avec moi.

MES ANNÉES AU CONSERVATOIRE

J'entrai l'année suivante, en 1854 (j'avais onze ans) dans la classe de Marmontel et deux ans plus tard j'obtins, seul et à l'unanimité, un premier prix très brillant en exécutant le concerto en *si* mineur de Hummel ; ma grande facilité de lecture fut très remarquée.

C'est alors que j'entrai dans les classes d'harmonie et d'accompagnement (à cette époque réunies en une seule) de M. Bazin. J'en sortis deux ans après avec le premier prix. Je ne m'arrêtai pas là et remportai ensuite le premier prix de fugue et de contrepoint dans la classe de M. Ambroise Thomas.

Chez Bazin comme chez Ambroise Thomas, j'eus, comme camarade de classe, le cher et grand compositeur Massenet, avec lequel je me liai pour l'existence entière, d'une amitié dont il me donna tant de preuves au cours de son admirable carrière.

Je veux dire un mot du charme qu'avaient pour nous les classes de M. Ambroise Thomas, pianiste délicieux qui nous enchanta souvent à nos leçons par des exécutions des œuvres de Chopin, qu'il avait beaucoup connu, et dont il possédait la vraie tradition : il avait une mémoire prodigieuse et nous jouait aussi beaucoup d'œuvres anciennes et modernes d'une façon qui faisait notre admiration.

J'eus également à cette époque un premier prix d'orgue, mais je ne poursuivis pas mes études de composition, pour me présenter au prix de Rome, car je voulais d'abord, ma fortune étant modeste, assurer mon avenir par ma carrière de virtuose et de professeur : j'avais seize ans.

PREMIERS CONCERTS

C'est alors que je fis la connaissance de M. Heugel père, le fondateur de la Maison d'Édition Musicale, qu'il rendit célèbre. Étonné de mon talent de pianiste et de mes dons de musicien, il me commanda quelques petites pièces de piano : je composai la Berceuse, Op. 2, et, sur son désir, transcrivis une douzaine d'œuvres classiques des grands maîtres Haydn, Mozart et Beethoven, le finale de la 16e symphonie de Haydn en *sol* majeur et le larghetto du quintette en *la* de Mozart pour instruments à cordes et clarinettes, obtinrent un succès particulier.

Les séances d'Allard et Franchomme, salle Pleyel, alternaient alors tous les quinze jours avec les concerts symphoniques du Conservatoire, les seuls existants.

A l'une de ces séances, il y eut un esclandre public : Planté, le grand pianiste. qui jouait avec Allard, ayant levé le couvercle du piano, Allard le referma bruyamment : il en résulta une brouille, et Planté donna sa démission : Allard et Franchomme, pour le remplacer, s'adressèrent à Heugel et au Conservatoire, pour entendre les trois derniers prix les plus remarquables : Fissot, Alphonse Duvernoy et moi-même, qui fus agréé. Je devenais le pianiste attitré de ces séances qui se poursuivirent environ cinq ou six années. Ce fut un événement très favorable à ma carrière, car il me permit de me produire aux côtés d'Allard et Franchomme dans leurs nombreux concerts de Paris et de Province.

LES SOIRÉES DE ROSSINI

Je fus présenté par M. Heugel à Rossini, qui habitait rue Basse-du-Rempart, à l'emplacement du boulevard des Capucines : le Maître me demanda de jouer ses œuvres, ce que j'acceptai de grand cœur : je devins ainsi le pianiste habituel de ses soirées hebdomadaires et y interprétai chaque samedi ses pièces de piano, qu'il me fallait apprendre chez lui sur ses manuscrits, qu'il ne voulait confier à personne ; en deux ou trois séances, je savais par cœur les morceaux que je jouais dans la soirée : il en avait composé de nombreux : une parodie très amusante de la musique d'Offenbach, se jouant avec deux doigts ; une tarentelle où l'on entendait le passage d'une procession (je la jouai un soir aux Italiens dans un grand concert de bienfaisance, avec des chœurs dirigés par Jules Cohen) des Préludes : *le Profond sommeil* avec *le Réveil en sursaut*, puis une série de petites pièces qu'il appelait les Petits Riens, auxquels il donnait des titres très amusants : *les Hors-d'œuvre, les Anchois, les Radis, une Caresse à ma femme....*

Rossini avait épousé en secondes noces Olympe Pélissier : très peu de temps après ma présentation, il déménageait pour s'installer, 2, rue de la Chaussée-d'Antin, dans un magnifique appartement au premier étage, dont les fenêtres donnaient sur le boulevard ; c'est là que, tous les samedis soirs, il recevait les sommités artistes littéraires et mondaines, et les célébrités de passage dans la capitale ; le ministre des Beaux-Arts, M. Fould, était un assidu de ses réunions ainsi que les financiers bien connus Pillet-Will et de Rothschild, fondateur de la banque, M. Beulé, secrétaire perpétuel de l'Institut, et sa charmante femme, qui avait un salon littéraire très fréquenté.

Ces soirées étaient précédées d'un dîner d'intimes dont faisaient partie Gustave Doré, Carafa, le plus vieil ami du maître de la maison, M. Lecomte, l'agent de change, son voisin, M. Possoz, maire de Passy, Mme de Chevarrier et son fils Ernest, Mlle Marie Mira, actuellement Mme Henri Singer, une de nos chères amies et son frère, Bigotini, fils d'une danseuse réputée, moi-même enfin.

A l'un de ces dîners toujours très intéressants assistaient Auber, alors directeur du Conservatoire, et Verdi, de passage à Paris : Auber, très spirituel causeur, Verdi, taciturne....

J'entendis chez Rossini les artistes les plus fameux : l'Alboni, Tamberlick, Dupré, Faure, Delle

Sedie, Mme Conneau, Mlle Mira (qui chantait de
façon charmante une mélodie délicieuse du maître
de la maison : *l'Orpheline du Tyrol*). Adelina Patti,
que nous eûmes la surprise d'entendre un soir pour
la première fois ; elle avait dix-sept ans et venait de
débuter avec un immense succès aux Italiens dans
la Somnambule : elle fut présentée à Rossini par
son beau-frère Strakosch, à la fois son répétiteur
et impresario ; elle fut très applaudie dans la
cavatine du *Barbier*, mais Rossini, dont l'esprit
était parfois caustique, s'approchant d'elle, lui
demanda de qui était le morceau qu'elle venait de
chanter, au grand émoi de la pauvre Adelina qui
l'avait en effet enjolivé de quelques variantes :
« je n'ai pas reconnu, dit Rossini, les traits du
finale, ils ont été changés peut-être par votre
professeur ... qui, ajouta-t-il à mi-voix, les a Strakosch.... onnés ».

J'entendis chez Rossini, parmi les instrumen-
tistes, Sivori, Sarasate l'admirable virtuose, Braga
le violoncelliste, notre grand et cher maître Saint-
Saëns, Mathias, Stanziery excellent pianiste italien,
Planté, enfin Rubinstein et Liszt qui donna chez
Rossini la première audition de ses deux légendes
bien connues : *Saint-François d'Assise prêchant
aux oiseaux* et *Saint-François de Paul marchant
sur les flots.*

Rossini jouait lui-même délicieusement du piano, sans aucune pédale, et avec une sonorité veloutée : il eut l'idée un jour de me faire chanter une mélodie qu'il avait composée sur une seule note et dont l'intérêt était dans l'accompagnement ; je ne voulus pas y consentir et l'Alboni la chanta à ma place, ce qui valut beaucoup mieux pour tout le monde ; il avait aussi écrit une marche à quatre mains que nous jouâmes ensemble, ainsi qu'un charmant morceau intitulé : *Un mot à Paganini*, que Sivori aimait à jouer.

La fin des soirées était parfois égayée par les chansons de Levassor, le célèbre acteur des Variétés. Nous eûmes aussi la surprise de voir la Taglioni, la créatrice de *la Sylphide*, danser une gavotte et un menuet, et bien qu'elle ne fût plus alors très jeune (elle était la comtesse Gilbert des Voisins), ce fut pour nous un spectacle délicieux.

La Ville de Paris avait offert à Rossini une très belle villa à Passy, qu'il habitait l'été et où se continuaient pendant la belle saison ses soirées du samedi : j'y venais aussi très régulièrement et y retrouvais mes chers amis Lefébure Wély le célèbre organiste, sa femme et ses deux charmantes filles : Mme Lefébure Wély chantait très agréablement et l'aînée de ses filles, Marie, jouait du piano d'une manière charmante ; ces dames habitaient Saint-

Cloud, tout près de Gounod et connaissaient mon enthousiasme pour le grand musicien ; elle m'offrirent très gracieusement de me présenter à lui : je reçus en effet une invitation à déjeuner le dimanche suivant chez M. et Mme Gounod et j'acceptai avec joie.

Je fus tout à fait charmé de l'accueil bienveillant du Maître à qui je jouai après le déjeuner quelques pièces de Chopin et de Mozart qu'il adorait ; lui-même se mit au piano et nous fit entendre quelques-unes de ses nouvelles mélodies, entre autres *Venise*, dont je fus enchanté ; on ne peut s'imaginer le charme et la poésie qu'il donnait à ses œuvres en les interprétant ; il nous chanta aussi en s'accompagnant des fragments de *Don Juan* où il était incomparable et qu'il savait tout entier par cœur ; il avait un culte passionné pour la musique de Mozart et de Bach, dont il jouait superbement des fragments sur le grand orgue qu'il avait fait construire dans sa maison de la place Malesherbes.

Gounod a toujours été d'un grande bonté envers moi, je ne cessai jamais de le fréquenter et de l'admirer. Son œuvre, qui ouvrait des perspectives nouvelles à l'art musical, m'a toujours enthousiasmé.

Je fis à cette époque une tournée de concerts dans toutes les villes de France, organisée par le frère de M. Heugel pour exécuter des œuvres qu'il éditait, parmi lesquelles des morceaux de Godefroid, Prudent, Goria, ainsi que les douze transcriptions des Maîtres anciens qu'il m'avait demandées ; à Saint-Nazaire, devant la mer que je voyais pour la première fois, mon émotion fut si grande, que je lâchai le parapluie que M. Heugel m'avait prêté et que le vent emporta sur les flots.

En 1863, je tirai au sort : j'eus la malchance d'amener un mauvais numéro ; à cette époque, on faisait sept ans de service, mais les favorisés de la fortune pouvaient se faire remplacer ; n'étant pas de ce nombre, et obligé de subvenir par mon travail aux besoins de ma famille, j'allais me trouver dans la nécessité de renoncer à ma carrière, lorsque Mme Rossini, émue de cette situation, me dit : « ne vous inquiétez pas, mon cher enfant, vous allez donner à la salle Érard un concert dont je placerai tous les billets auprès de mes amis ; la recette, je vous le promets, vous permettra de vous offrir un remplaçant ». Avec le concours d'Allard et de Franchomme, j'organisai en effet une séance qui réussit au-delà de mes espérances, et me rapporta quatre mille francs ; c'est grâce à la généreuse intervention de Mme Rossini que je poursuivis ma carrière : je lui en gardai toujours la plus vive gratitude.

MON MARIAGE

En 1867, je me mariai avec une de mes charmantes élèves, Mlle Berthe Serret, qui fut toujours pour moi une épouse incomparable et d'un dévouement sans bornes ; Rossini me donna, en cette occasion, une nouvelle preuve de son affection, en intervenant alors auprès de ma future belle-famille pour aplanir certaines difficultés. J'habitai, avec Mme Diémer et ma belle-mère, Mme Serret femme très belle et d'une rare distinction, quai d'Orsay, n° 1. à côté de la Caisse des Dépôts et Consignations ; ce voisinage faillit nous être funeste, car cet édifice fut incendié pendant la Commune et complètement détruit ; le feu se communiquait déjà à notre petit salon, lorsque les pompiers parvinrent à s'en rendre maîtres.

MA NOMINATION DE PROFESSEUR AU CONSERVATOIRE

Au cours d'un voyage en Bretagne, que nous fîmes en 1887, Mme Diémer et moi, je reçus une lettre du Ministère des Beaux-Arts, m'annonçant que j'étais nommé professeur au Conservatoire en remplacement de M. Marmontel. démissionnaire. Grand fut mon étonnement, car M. Ambroise Thomas, alors directeur, m'avait pressenti pour cet emploi, en prévision de la retraite éventuelle de Mme Massart, titulaire d'une classe de piano femmes, très réputée par les grands succès qu'elle y obtenait ! A mon retour à Paris, M. Réty, le secrétaire général, m'informa de la raison qui avait modifié cette décision : Mme Massart, en mourant, avait exprimé le vœu d'être remplacée par son suppléant M. Henri Fissot : c'est ainsi que je dus prendre la succession de mon vénéré maître Marmontel, devenu très âgé.

Je commençai donc ma classe le 1er octobre 1887 ; elle me donna toujours de grandes satisfactions et me valut de beaux succès.

La première année de mon professorat, un premier prix fut décerné à Victor Staub, actuellement professeur au Conservatoire ; en 1889, trois premiers prix : André Bloch, depuis premier prix de Rome, Édouard Risler, le célèbre virtuose et Stojowski ; je fus cette année, nommé Chevalier de la Légion d'honneur.

En 1890, 1er prix Galand, Joseph Baume.

1891, Quévremont (professeur au Conservatoire de Lyon), et Pierret.

1892, Joseph Thibaut.

1893, Niederhofheim.

1894, Gabriel Jaudoin.

1896, Alfred Cortot, professeur au Conservatoire.

1898, Lazare Lévy, Armand Ferté, actuellement chef d'orchestre au Théâtre Lyrique.

1899, Georges de Lausnay, Alfred Casella, Gabriel Grovlez.

1900, Louis Edger.

1901, Lortat Jacob

1902, Édouard Garès, Victor Gille, G. Arcouet (professeur au Conservatoire de Nantes).

1903, Jean Batalla, Adolphe Borchard.

1904, Georges Swirsky.

1905, Roger de Francmesnil, Marcel Dupré, grand prix de Rome.

1906, Émile Frey, Pierfitte, Lattès.

1907, Jean Verd, Henri Etlin, Yves Nat.

1908, Eustratiou.

1909, Ramondou (mort au service de la France), Marcel Ciampi.

1910, Robert Schmitz.

1911, Gil Marchex, Singery.

1912, Kartun, Dyck, Truc, Cognet (professeur au Conservatoire de Saint-Étienne).

1913, Robert Casadesus.

1914, Cubilès, Jacques.

1915, Lazarus. Le Conservatoire subit cette année de nombreuses réformes, les classes deviennent mixtes et se composent de huit jeunes filles et de quatre jeunes gens.

1916, M. F. Gaillard.

1917, Prix d'excellence, Mlle Renée Fortin ; 1er prix Mlle Jankowski et M. Maréchal.

1918, Mlle L'Hôte.

1919, Benvenuti, Mlles Monnard, Paulette Mayer, Petit.

Grâce à ces jeunes artistes, ma réputation de pédagogue s'est étendue jusqu'à l'étranger et je n'ai jamais eu qu'à me louer d'avoir accepté la succession de mon maître Marmontel pour l'enseignement du piano au Conservatoire.

NOS SOIRÉES RUE D'AMSTERDAM

Les soirées de Rossini s'étaient succédé jusqu'à la mort du Maître, le 13 novembre 1868 ; nous avions à notre tour, Mme Diémer et moi, commencé à recevoir le mercredi de chaque quinzaine.

En 1871, nous prîmes rue d'Amsterdam, un hôtel que nous habitâmes vingt-cinq ans. Le salon, vaste et élevé, se prêtait fort bien à nos réceptions qui, dans ce cadre, furent très brillantes ; l'on y entendait nos amis les violonistes Sivori, Sarasate, White.

Mme Conneau, femme du médecin de l'empereur,

douée d'une très belle voix, Mme Trélat, femme du chirurgien. Mme Henriette Fuchs, fondatrice de la société chorale d'amateurs « Concordia », que Widor dirigeait avec mon cher ami le remarquable poète Albert Grimault, l'auteur des poésies de la plupart de mes mélodies ; Mme Fuchs chantait délicieusement *les Ailes*, une de mes compositions les plus connues, que je lui avais dédiées ; puis l'Alboni. Mme Nilson, les illustres cantatrices.

Lassère le violoncelliste dont la réputation était grande en France et en Angleterre, se produisait aussi à nos soirées, ainsi que Jacquart, professeur au Conservatoire, et le grand artiste que fut Jules Delsart, doublé pour moi d'un ami fidèle et dévoué.

Je citerai encore parmi les chanteurs Victor Capoul, Barré, de l'Opéra-Comique, Diaz de Soria, amateur de talent qui chantait fort bien ma *Sérénade espagnole*, Hermann Léon, le peintre animalier, doué d'une très jolie voix.

Rubinstein joua à l'une de nos soirées de façon inoubliable.

LISZT

Liszt vint un soir, amené par Mme Mounkaczy, femme du peintre connu, et assidue de nos réceptions ; c'est en l'honneur de Liszt, qui était alors son hôte, que Mme Mounkaczy donna plusieurs soirées en 1886 ; j'y jouai avec Mme Marie Jaëll et Saint-Saëns plusieurs poèmes symphoniques du maître hongrois dont les fameux *Préludes*, ce qui lui fit grand plaisir ; à la fin de la soirée, le Maître voulut bien consentir à se mettre au piano et joua, merveilleusement encore, sa *treizième rhapsodie* et une fantaisie sur des thèmes de Schubert.

Je garde aussi un souvenir charmant d'un dîner que je fis chez Mme Mounkaczy avec Liszt et Rubinstein ; au dessert, comme aucun de nous ne consentait à se faire entendre, Liszt proposa de faire une partie de whist avec Rubinstein et moi.

Je vis souvent Liszt à cette époque et lui jouai de mémoire toutes ses rhapsodies hongroises ; il voulut bien m'en dire sa satisfaction et me donna quelques conseils, m'indiquant certaines modifications et variantes qu'il faisait lui-même ; insistant aussi sur l'importance des respirations, pauses et arrêts bien placés.

Il mourut peu de temps après, en 1886, à Bayreuth et j'en éprouvai un grand chagrin.

NOS SOIRÉES RUE BLANCHE

En 1896, nous eûmes la douleur de perdre ma belle-mère Mme Serret ; nous quittâmes alors la rue d'Amsterdam pour nous installer dans un hôtel

situé rue Blanche. Ayant acheté quelques années
plus tard l'hôtel contigu, nous y fîmes construire
une belle salle de concerts pouvant contenir trois
cents personnes ; c'est là que se poursuivit le cours
de nos réceptions, qui furent très intéressantes
grâce au concours des éminents artistes qui voulurent bien y participer : les violonistes Marsick,
Isaye, Jacques Thibaut, Boucherit, Enesco, Geloso,
Sechiari, Bilewski ; les violoncellistes Delsart,
Hollmann, Casals, Loys, Salmon, Fournier, Richet,
Bazelaire ; les flûtistes : Taffanel, Gaubert, Blan-
quart, Fleury ; les hautboïstes, Georges Gillet,
Bleuzet ; les solistes d'instruments à vent de la
Société des concerts du Conservatoire, Turban,
Mimart.

Parmi les chanteurs, Mme Gabrielle Krauss, à
qui j'ai dédié *Inquiétude*, qu'elle chantait superbement, Mmes Rose Caron, Litvinne à la voix d'or,
interprète de mon *Cavalier*, ainsi que le ténor
David Devriès, exquis traducteur des *Dernières
Roses*, et Clément à qui je les avais dédiées.

On entendit les belles voix de Mlles Demellier,
Nicot-Vauchelet, Raveau dans le trio des *Sorcières*
que j'avais composé en 1886 pour trois voix de
femmes et qui avait été créé alors par Mmes Rose
Delaunay, Russeil et Lalo. Je citerai encore
Mme Vallandri, la très belle artiste, MM. Auguez

et Robert Le Lubez, le comte Arthur de Gabriac, la comtesse de Trédern, les parfaites cantatrices Mmes Kinen et Loudon, Mlle Pauline Segond, Mme Charles Max, la comtesse de Guerne, la comtesse de Maupeou, les deux charmantes filles de Mme Viardot, Marianne, devenue Mme Alphonse Duvernoy, qui chantait délicieusement une mazurka composée pour elle, et un duo avec sa sœur Claudie devenue Mme Chamerot, femme de l'éditeur (disparues toutes deux prématurément), Mme Rose Delaunay, interprète exquise de *la Fauvette*, Mme la générale Bataille, qui détaillait finement la mazurka que je lui avais dédiée.

Mlles Renée du Ménil, Reichenberg (baronne de Bourgoing), MM. Mounet-Sully, Baillet, Louis Delaunay, de la Comédie-Française ; le charmant poète Jean Rameau, qui disait ses vers, Mme de Serres Montigny Remaury, la grande pianiste, les grands Maîtres Saint-Saëns et Gabriel Fauré, qui vinrent bien souvent accompagner leurs œuvres, moi-même, enfin, qui me multipliai comme soliste ou comme partenaire de cette admirable phalange d'artistes.

GRANDS CONCERTS

J'eus l'honneur de jouer en 1865, à la Société des Concerts du Conservatoire, le concerto en *sol* mineur de Mendelsshon, œuvre aujourd'hui un peu démodée.

C'est en cette occasion que je fis la connaissance de Mlle Sargenton, qui fut une de mes élèves amateurs les plus distinguées: j'ai composé pour elle une sérénade qu'elle jouait délicieusement ; elle devint notre amie intime lorsque j'eus épousé Mlle Serret et le temps n'a fait que resserrer nos sentiments d'affection ; Mme Sargenton, esprit très cultivé et d'une rare distinction, s'est fait un nom dans les lettres par les belles descriptions des voyages qu'elle fit en Orient, en Palestine particulièrement. L'un de ses remarquables ouvrages Sinaï Petra a été couronné par l'Académie Française.

Dans un festival donné aux concerts Pasdeloup, en l'honneur de César Franck qui n'était pas encore apprécié à sa juste valeur, je jouai les célèbres variations symphoniques qu'il m'avait dédiées et qui furent depuis interprétées par Pugno et de nombreux pianistes. Franck, avec qui j'avais travaillé cette œuvre, me donna quelques indications qui sont opposées à l'interprétation des artistes d'aujourd'hui. Je jouai aussi à Paris, pour la première fois, le quatrième concerto de Rubinstein. Les Concerts Colonne furent inaugurés en 1874 : je prêtai souvent mon concours à ces séances musicales, dans les œuvres que m'avaient dédiés mon cher et grand ami Saint-Saëns : la *Rhapsodie d'Auvergne*, le *cinquième Concerto*, etc. ; le 29 octobre 1899 nous jouâmes tous deux son scherzo à deux pianos et le lendemain il m'envoya sa photographie portant en dédicace ces vers délicieux :

> Vraiment notre duo fut beau
> Grâce à l'ardeur de nos beaux zèles
> A nous deux nous faisions un oiseau
> J'étais les pattes et vous les ailes.

Nous avons joué aussi le *Caprice arabe*, le *Caprice héroïque*, et ses belles variations sur un thème de Beethoven.

Cette collaboration s'est continuée, car Saint-Saëns m'a toujours choisi comme interprète et comme partenaire, me donnant le premier piano, et se réservant le second.

Je rends hommage à l'ami fidèle et au Maître incomparable, Gloire de la musique française.

C'est encore aux Concerts Colonne que je jouai le très beau concerto que Lalo écrivit pour moi. ainsi qu'une fantaisie de Benjamin Godard qui m'avait été dédiée; deux pièces d'Émile Bernard, une fantaisie de Tchaikowsky, qu'il avait écrite pour Mme Essipof et que je jouai avec grand succès, l'ayant apprise en huit jours (je donnai en même temps, sur le désir du Maître russe, deux séances

à la Salle Érard, où j'interprétai une grande partie
de ses œuvres).

Mon cher ami Massenet me dédia aussi un
concerto très intéressant que j'ai joué pour la première fois à Monte-Carlo et pour la dernière, en
1916, au Trocadéro et aux Matinées Nationales
organisées pendant la guerre à la Sorbonne.

Je garde le souvenir des concerts où j'interprétai
le concerto à trois pianos de Bach en *ré* mineur
avec Saint-Saëns et Delaborde (j'ai rejoué plus tard
ce concerto avec mes élèves Risler et Cortot; un de
mes grands succès fut encore le concerto de Bach en
ré majeur pour piano, violon, flûte, que je donnais
presque chaque année (pour la première fois avec
Rémy, premier violon chez Colonne et Quantier le
flûtiste); j'enlevai tous les suffrages avec la cadence
de la fin de la première partie (je fis entendre ce
concerto aux Concerts du Conservatoire avec Boucherit et Taffanel).

Je donnai aussi chez Colonne mon concerstuck
pour piano et orchestre que je jouai deux dimanches
consécutifs ; le concerstuck que j'ai composé pour
violon valut, à mon cher interprète et ami Jules
Boucherit, un immense succès chez Colonne et
Lamoureux ; il le jouait d'ailleurs idéalement
bien.

Je rappellerai encore le concerto à deux pianos

en *mi b* de Mozart, que j'ai joué avec Édouard Risler, et Jean Batalla chez Colonne.

Aux concerts Lamoureux, qui commencèrent au Cirque d'été en 1876, je me fis entendre dans le quatrième concerto de Beethoven, les concertos de Mozart en *ré* mineur et *si* bémol ; lorsque le cirque fut démoli, les concerts se transportèrent au théâtre du Château-d'Eau ; c'est là que je jouai le concerto de Widor, qu'il avait écrit pour moi, et qui fut redemandé le dimanche suivant.

Lorsque les Concerts Lamoureux eurent émigré au Nouveau-Théâtre, rue Blanche, j'y interprétai, pour la première fois en France, sous la direction de Camille Chevillard, gendre de Lamoureux, auquel il avait succédé en 1899, les deux concertos de Brahms ; le premier fut joué deux dimanches avec un très grand succès.

SOCIÉTÉ DES INSTRUMENTS ANCIENS

En 1894, je commençai à jouer du clavecin sur un instrument ancien de Taskin, grand-père du chanteur de l'Opéra-Comique, créateur de *Carmen*.

Le clavecin fut exhibé pour la première fois salle Pleyel ; on avait en cette occasion prié plusieurs pianistes de se faire entendre sur cet instrument ; j'obtins un succès d'enthousiasme dans des pièces de Rameau, Couperin, Daquin, etc.

La construction des anciens clavecins nécessitait de la part de l'artiste un arrêt dans l'exécution, afin de faire fonctionner certains ressorts qui variaient les sonorités de l'instrument. M. Gustave Lyon, directeur de la Maison Pleyel, qui est aussi un remarquable ingénieur, remédia à cette imperfection, en construisant des clavecins à deux claviers, ayant la même sonorité que les anciens et munis de six pédales donnant à l'exécution une très grande variété.

C'est de l'année suivante, 1895, que date la formation de la Société des Instruments anciens que je fondai avec le concours de Jules Delsart (viole de gambe), Laurent Grillet (vielle) et Van Waefelghem, (viole d'amour). Des séances régulières eurent lieu chaque quinzaine salle Pleyel ; les programmes comprenant des quatuors de Couperin, Rameau, Dandrieu, Caix d'Herveloy, etc. ; admirablement transcrits par Laurent Grillet, et qui remportèrent le plus vif succès, de même que nos soli (*le coucou de Daquin* particulièrement).

A ces séances participait généralement une chanteuse (Mme Rose Delaunay, Mlle Marcelle Prégi, Mme Leroux Ribeyre), qui interprétait des airs anciens que j'accompagnais au clavecin : c'était charmant.

Cela dura ainsi quelques années, puis nous émi-

grâmes chez Érard, qui avait également construit
un clavecin moderne muni de six pédales et d'une
délicieuse sonorité.

SOCIÉTÉ DES INSTRUMENTS A VENT

C'est en 1878 que Taffanel fonda cette société
composée de Gillet, Turban, Espaignet, Bourdeau,
Garigue et Brémond, et de moi-même qui en fut le
pianiste attitré.

Nous donnâmes des séances tous les quinze
jours chez Pleyel, en matinée, pendant une dizaine
d'années, et nous fîmes de très intéressantes tournées en France et à l'étranger, notamment en Suisse
et en Allemagne.

MES CONCERTS EN PROVINCE ET A L'ÉTRANGER

De nombreux engagements m'appelèrent en
dehors de Paris.

Aux concerts classiques de Marseille, où je
jouai chaque année, et auxquels j'obtins du public
très enthousiaste un de mes plus grands succès.

A Bordeaux (où dès l'âge de seize ans j'avais
joué avec Sarasate), au Cercle Philarmonique et
aux concerts de Sainte-Cécile, au Grand-Théâtre,
qui m'ont laissé les meilleurs souvenirs. En 1912,
j'y présentai et fis entendre un de mes meilleurs
élèves, Henri Etlin, qui joua avec moi le concerto

en *mi b* de Mozart et le scherzo de Saint-Saëns, où nous obtînmes un succès enthousiaste.

A Lille je donnai une très belle série de concerts sous la direction de Paul Martin, directeur du Conservatoire, de même qu'à Angers.

Je fis aussi de nombreuses tournées à l'étranger ; celle de Hollande, tout particulièrement, m'a laissé un souvenir inoubliable par l'accueil triomphal que je reçus à La Haye, Amsterdam, Rotterdam, etc.

En 1894, je fus appelé à Londres aux concerts dirigés par Haentchel, où je donnai le quatrième concerto de Saint-Saëns, puis au printemps deux récitals à la salle Érard, succursale de Londres.

J'ai joué le concerto en *sol* de Beethoven au cours d'une tournée en Angleterre de Lamoureux et son orchestre à Berlin, je fus engagé à la Société Philarmonique dirigée par Nikisch pour y jouer le concerto de Lalo que je venais de faire entendre au Châtelet ; cette audition fut suivie d'un récital à la salle Bechstein.

A Vienne, je donnai un concert à la salle Busendorffer, devant un public d'artistes parmi lesquels se trouvait Brahms ; le programme comprenait des œuvres de clavecinistes français : Brahms m'invita à venir le voir, car il désirait me soumettre une édition des œuvres de François Couperin qu'il préparait ; il s'exprimait fort mal en français, moi encore plus mal en allemand; mais avec beaucoup de difficultés, nous arrivâmes à nous comprendre. Il était très enthousiasmé des auteurs français que j'avais interprétés à mon concert, dont le programme comprenait encore l'ouverture de la *Flûte enchantée*, que j'avais transcrite, et les variations à deux pianos de Fischoff que je jouai avec l'auteur.

A Rome, je me fis entendre une première fois aux Grands Concerts de Sainte-Cécile en même temps que mon cher ami Delsart; je jouai le deuxième concerto en *fa* majeur de Théodore Dubois, alors directeur du Conservatoire de Paris, qui était venu diriger l'orchestre. J'interprétai aussi ses *Abeilles*, qu'il avait orchestrées très légèrement pour cette circonstance : les soli de Delsart obtinrent leur succès habituel. La Reine Marguerite d'Italie qui assistait à ce concert tint à nous féliciter tous trois et nous convia à venir nous faire entendre chez elle dans l'intimité.

Je garde un souvenir inoubliable de son accueil plein de grâce : elle était excellente musicienne et organisait tous les huit jours chez elle des séances de quatuor auxquelles elle prenait part, et que dirigeait Sgambati, élève de Liszt et professeur au Conservatoire de Rome.

Nous avons été très honorés d'être nommés

Delsart et moi, officier de la couronne d'Italie et notre cher directeur, Théodore Dubois, Commandeur du même ordre.

Je retournai à Rome en 1904 et fis applaudir alors le concerto de Massenet : en cette occasion je fus présenté à la nouvelle Reine Hélène, femme de Victor Emmanuel II, qui était en compagnie de la Reine Mère. Elles voulurent bien toutes deux me féliciter et me remirent en souvenir une épingle enrichie de diamants.

LE PRIX DIÉMER

Pour encourager les jeunes artistes déjà titulaires d'un premier prix de piano dans les dix dernières années, je fondai en 1902 le Prix qui porte mon nom.

Ce concours a lieu tous les trois ans dans la salle de l'ancien Conservatoire.

Voici la liste des lauréats : en 1903. Prix : Malats ; mention honorable à mon élève Lazare Lévy.

1906. Prix décerné à l'unanimité à mon cher élève Jean Batalla, alors âgé de dix-sept ans. Mention : Édouard Garès, mon élève.

1909. Prix à mon élève Robert Lortat ; mention à mon élève Roger de Francmesnil.

En 1912 en raison du nombre restreint de concurrents le prix ne fut pas attribué.

Mon élève Henri Etlin obtint à l'unanimité une première mention à défaut du prix qu'il méritait, une seconde mention fut attribuée à mon élève Léon Eustratiou.

En 1915 et en 1918, la plupart des concurrents étant mobilisés, les concours n'eurent point lieu ; le prochain est fixé au mois de mai 1920.

C'est en 1913, sous le ministère Barthou, que je fus élevé à la dignité d'Officier de la Légion d'honneur ; un fort beau banquet me fut offert en cette occasion par mes élèves et par mes amis.

Ma santé s'étant trouvée compromise, j'ai dû me faire suppléer, depuis quelques mois au Conservatoire par mes deux chers élèves : Édouard Risler et Armand Ferté, qui continuent ainsi les traditions de mon enseignement.

Louis Diémer.

Ici s'arrêtent les notes que mon cher et vénéré Maître, déjà très affaibli par la maladie qui devait l'emporter, se plaisait à me dicter....

Tous ses élèves garderont de sa sollicitude, de sa bonté discrète et agissante et de son incomparable enseignement un souvenir ému et reconnaissant.

Henri Etlin.

Imp. Grou-Radenez. Paris.

www.ingramcontent.com/pod-product-compliance
Lightning Source LLC
LaVergne TN
LVHW051326200726
843510LV00002B/523